Impressum
Verlag: BABADADA GmbH, Nedderfeld 112 , 22529 Hamburg
Geschäftsführer / Verlagsleitung: Harald Hof
Druck: Books on Demand GmbH, In de Tarpen 42, 22848 Norderstedt

Imprint
Publisher: BABADADA GmbH, Nedderfeld 112 , 22529 Hamburg, Germany
Managing Director / Publishing direction: Harald Hof
Print: Books on Demand GmbH, In de Tarpen 42, 22848 Norderstedt, Germany

школа

اسکول

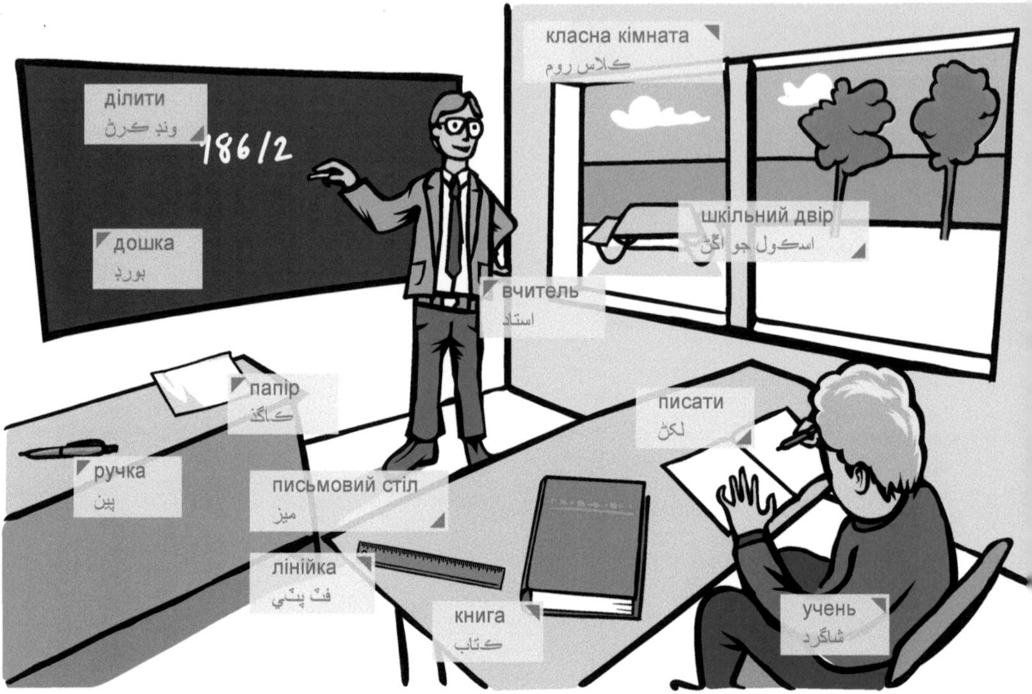
класна кімната
کلاس روم
ділити
ونڈ کرݨ
186/2
дошка
بورڈ
вчитель
استاد
шкільний двір
اسکول جو اگݨ
папір
کاغذ
писати
لکݨ
ручка
پین
письмовий стіл
میز
лінійка
فٹ پٹی
книга
کتاب
учень
شاگرد

ранець

بستو

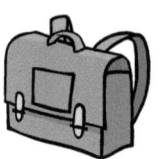

пенал

پینسل باکس

олівець

پینسل

точило

پینسل شارپنر

гумка

ربڑ

альбом для малювання

ڈرائنگ پیڈ

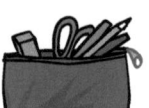

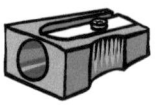

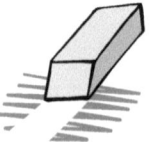

малюнок

ڈراﺋﻨﮓ

пензель

ﭘﯿﻨﭧ ﺑﺮﺵ

коробка фарб

ﭘﯿﻨﭧ ﺑﺎﮐﺲ

ножиці

ﻗﯿﻨﭽﯽ

клей

ﮔﻮﻧﺪ

зошит

ﻣﺸﻖ ﮐﺮﻥ واﻟﯽ ﮐﺎﭘﯽ

домашнє завдання

ﮨﻮم ورک

число

ﻋﺪد

додавати

ﺟﻮڑ ﮐﺮﻧﺎ

віднімати

ﮔﮭﭩﺎﻧﺎ

множити

ﺿﺮب ﮐﺮﻧﺎ

рахувати

ﺣﺴﺎب ﮐﺮﻧﺎ

літера

ﺧﻂ

абетка

اﻟﻔﺎﺑﯿﭧ

slово

ﻟﻔﻆ

текст

مضمون

читати

پڑهٹ

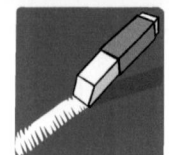

крейда

چاک

година

سبق

класний журнал

رجسٹر

екзамен

امتحان

диплом

سرٹیفیکیٹ

шкільна форма

اسکول یونیفارم

освіта

تعلیم

лексикон

انسائکلوپیدیا

університет

یونیورسٹی

мікроскоп

خوردبینی

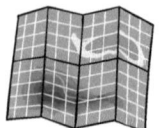

карта

نقشو

кошик для паперу

ردي جي ٹوكري

подорож

سفر

готель
هوٹل
Grand
турбаза
هاسٹل
ROOMS
обмінний пункт
رقم تبديل ڪرائڻ جي آفيس
EXCHANGE
валіза
سوٽ ڪيس
автомобіль
ڪار

мова

ٻولي

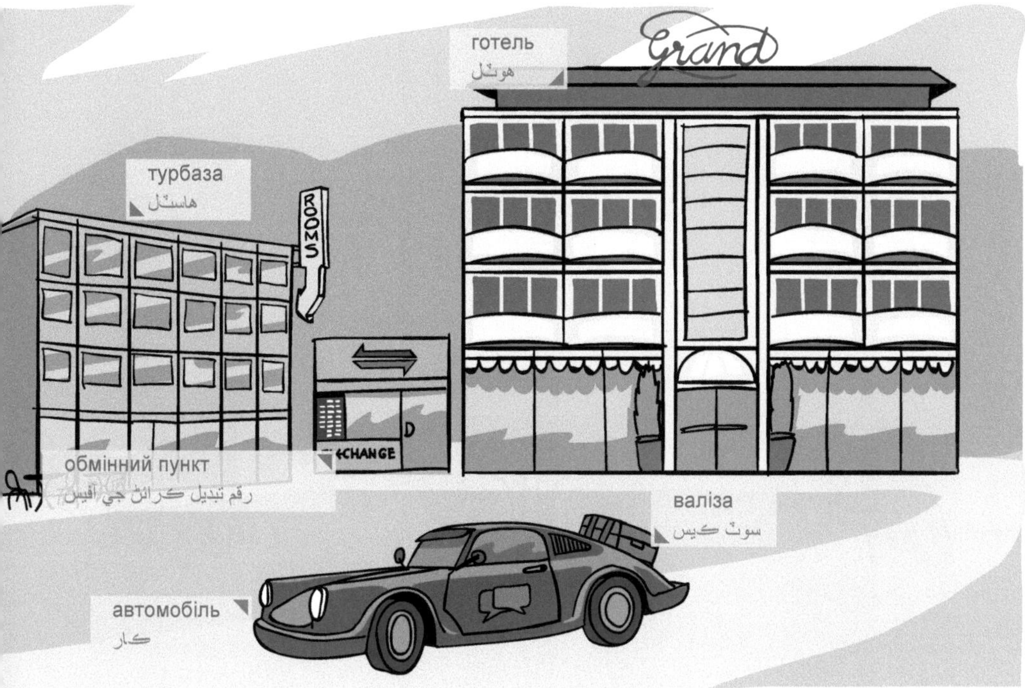

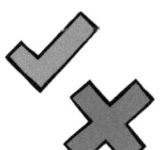

так / ні

ها يا نه

добре

صحيح آهي

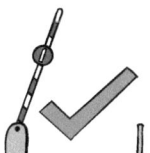

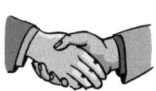

привіт

هيلو

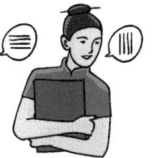

перекладач

مترجم

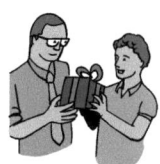

дякую

مهرباني

Скільки коштує ...?

هن جي قيمت گهٽي آهي.....؟

Я не розумію

مون کي سمجھ ۾ نٿو اچي

проблема

مسئلو

Добрий вечір!

گڊ ايوننگ

Доброго ранку!

صبح بخير

На добраніч!

شب خير

До побачення

الوداع

напрямок

طرف

багаж

سفري سامان

сумка

بيگ

рюкзак

پويان بڌڻ وارو بيگ

гість

مهمان

кімната

ڪمرو

спальний мішок

بستر وارو بيگ

намет

خيمو

туристична інформація

سياحت بابت معلومات

пляж

سمند كنارو

кредитна картка

كريډټ كارډ

сніданок

ناشتو

обід

لنچ

вечеря

ډنر

квиток

ټکټ

ліфт

لفټ

поштова марка

مهر

межа

سرحد

митниця

ګاهک

посольство

سفارتخانو

віза

ویزا

паспорт

پاسپورټ

транспорт

آمد و رفت

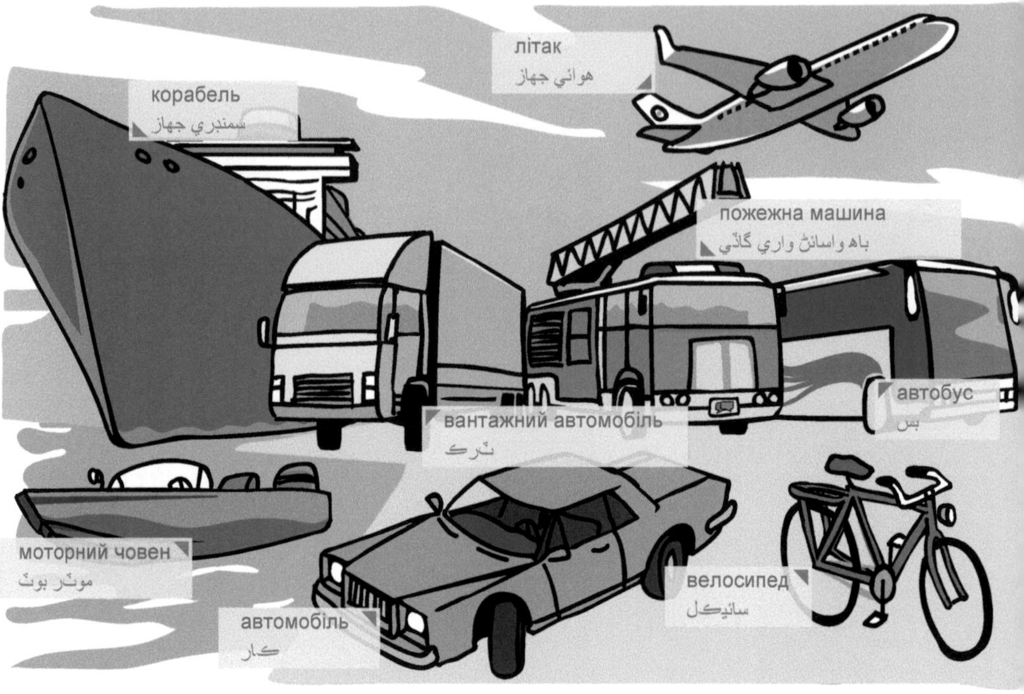

літак
هوائي جهاز
корабель
سمندري جهاز
пожежна машина
باه واسائڻ واري گاڏي
автобус
بس
вантажний автомобіль
ٽرڪ
моторний човен
موٽر بوٽ
велосипед
سائيڪل
автомобіль
ڪار

пором

фيري

човен

ٻيڙي

мотоцикл

موٽر سائيڪل

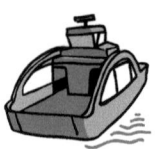

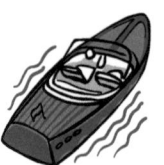

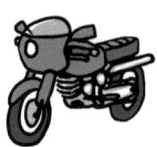

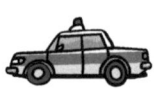

поліцейська машина

پوليس ڪار

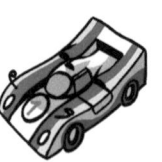

гоночний автомобіль

ريسنگ ڪار

автомобіль на прокат

رينٽل ڪار

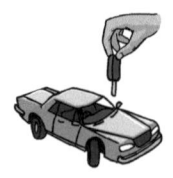

спільне користування авто

چشنیرنگ کار

евакуатор

چکڻ والو ٹرک

сміттєвоз

کچري واري ٹرک

двигун

کار

паливо

فیول

автозаправна станція

پیٹرول اسٹیشن

дорожній знак

ٹریفک جا نشان

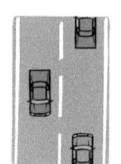

рух

ٹریفک

затор

ٹریفک جام

стоянка

کار پارک

вокзал

ٹرین اسٹیشن

рейки

پٹڙیون

потяг

ٹرین

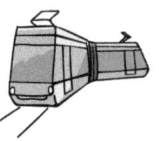

трамвай

ٹرام

вагон

ویگن

гелікоптер

ھيليڪاپٽر

аеропорт

ايئرپورٽ

вежа

ٽاور

пасажир

مسافر

контейнер

ڪنٽينر

коробка

ڊٻو

візок

ريڙھي

кошик

ٽوڪري

стартувати / приземлятися

اڏرڻ / زمين تي لھڻ

село

ڳوٺ

центр міста

شھر جو مرڪز

дім

گھر

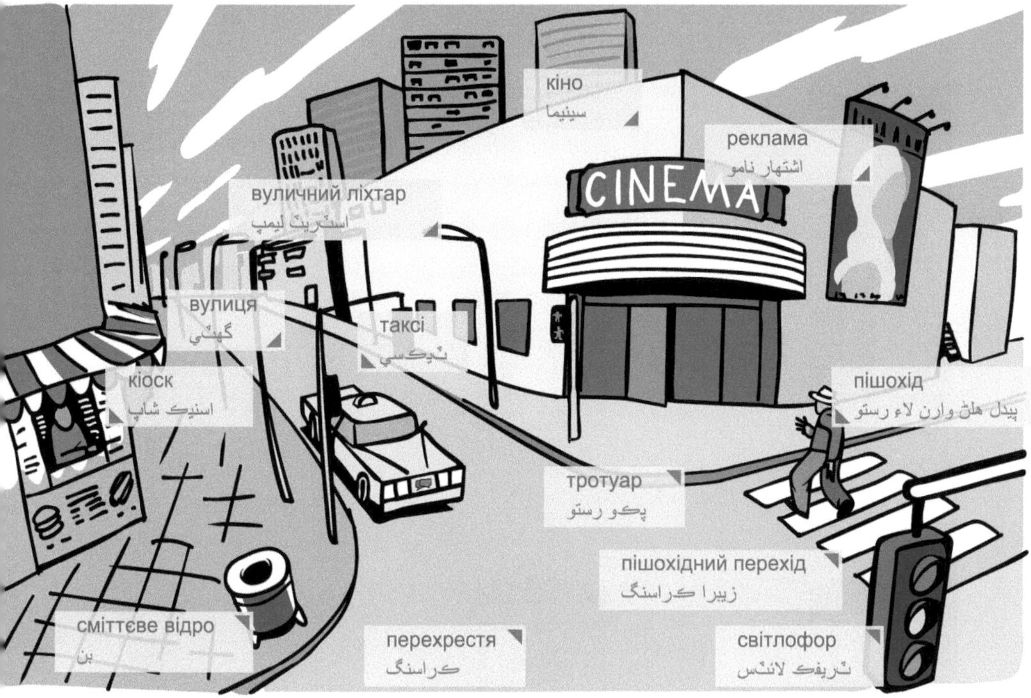

кіно
سینیما
реклама
اشتہار نامو
CINEMA
вуличний ліхтар
اسٹریٹ لیمپ
вулиця
گھٹي
таксі
ٹیکسي
кіоск
اسنیک شاپ
пішохід
پیدل هلڻ وارن لاء رستو
тротуар
پکو رستو
пішохідний перехід
زیبرا کراسنگ
сміттєве відро
بن
перехрестя
کراسنگ
світлофор
ٹریفک لائٹس

хатина

جھوپڙي

квартира

فلیٹ

вокзал

ٹرین اسٹیشن

ратуша

ٹائون هال

MUSEUM

музей

عجائب گھر

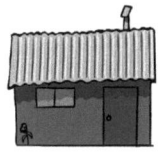

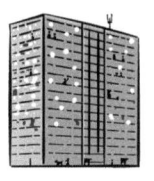

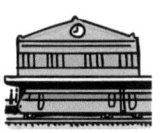

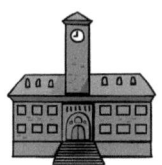

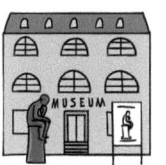

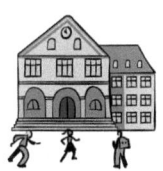

школа

اسکول

університет

يونيورسٽي

банк

بينڪ

лікарня

اسپتال

готель

هوٽل

аптека

فارميسي

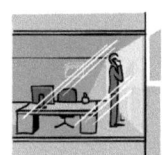

офіс

آفس

книжковий магазин

ڪتابن جي ڪتاب

магазин

دڪان

квітковий магазин

گلن جي دڪان

супермаркет

سپر مارڪيٽ

ринок

مارڪيٽ

універмаг

ڊپارٽمينٽ اسٽور

торговець рибою

مڇي جي دڪان

торговельний центр

شاپنگ سينٽر

гавань

بندرگاھ

парк

پارک

лава

بینچ

міст

پل

сходи

ٹاکن

метро

زیر زمین میٹرو

тунель

سرنگ

автобусна зупинка

بس اسٹاپ

бар

شراب خانہ

ресторан

روسٹورینٹ

поштова скринька

پوسٹ باکس

вулична табличка

اسٹریٹ سائن

лічильник паркування

پارکنگ میٹر

зоопарк

چڑیا گھر

басейн

سوئمنگ پول

мечеть

مسجد

ферма

فارم

забруднення навколишнього середовища

آلودگي

кладовище

قبرستان

церква

چرچ

дитячий майданчик

راند جو ميدان

храм

مندر

ландшафт

زميني منظر

![ландшафт illustration with labels]

листок — پٹو

вказівний стовп — سائن بورڊ

шлях — رستو

луг — ساوڪ واري زمين

камінь — پٿّر

дерево — وڻ

мандрівник — پيادل هلڻ وارو هائيڪر

річка — دريا

трава — چمڻ

квітка — گل

долина

وادي

гора

جبل

озеро

ڍنڍ

ліс

گل

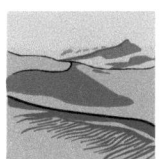

пустеля

ريگستان

вулкан

آتش فشان

замок

قلعو

веселка

اندلٺ

гриб

ڪڃيي

пальма

کھجي جو وڻ

комар

مڇر

муха

مک

мурашка

ڪيولي

бджола

ماکي جي مک

павук

مڪڙي

жук

تَندِن

жаба

ڈَیڑَ

вивірка

نوریڑو

їжак

جاهو

заєць

خرگوش

сова

چپرو

птах

پکي

лебідь

بدک

кабан

سونر

олень

هرڼ

лось

آمریکي هرڼ جو قسم

гребля

ڀيم

вітряк

هوا سان هلڻ وارويّ ڪربانين

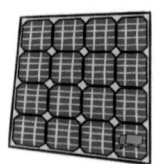

сонячний модуль

سولر پينل

клімат

أب و هوا

ресторан

روسٽورينٽ

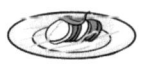

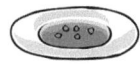

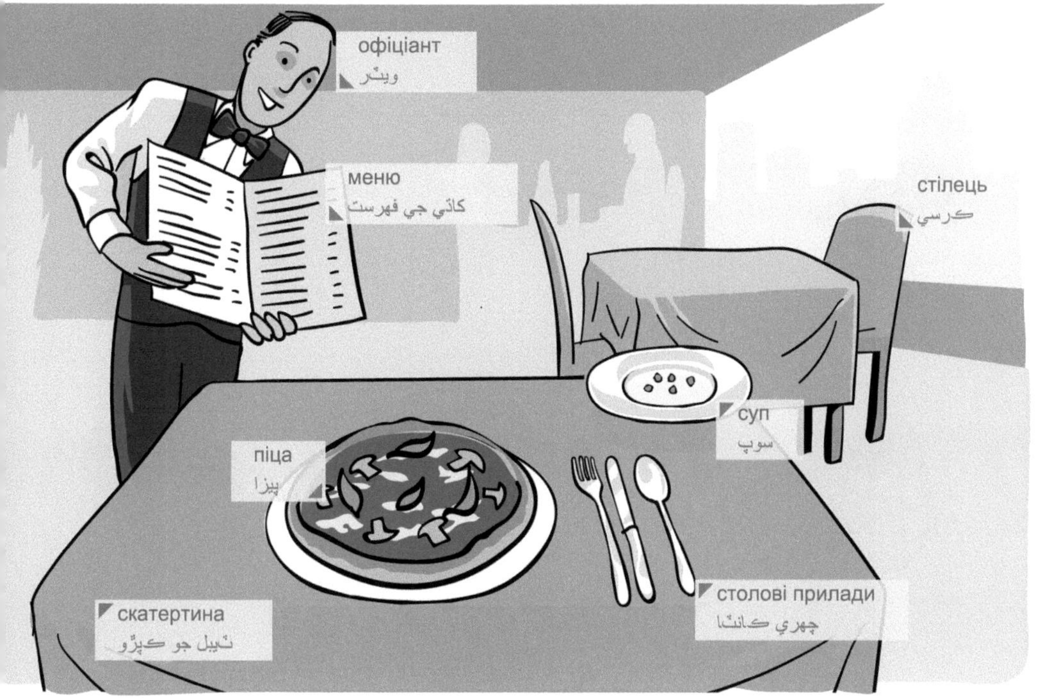

офіціант
ويٽر
меню
کاڌي جي فهرست
стілець
ڪرسي
суп
سوپ
піца
پيزا
скатертина
ٽيبل جو ڪپڙو
столові прилади
ڇهري ڪانٽا

закуска

اسٽارٽر

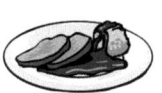

друга страва

مين ڪورس

десерт

کاڌي کانپوءِ کاڌل وارو مٺو

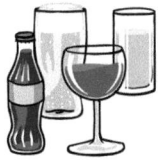

напої

مشروب

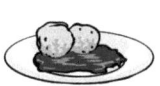

їжа

خوراڪ

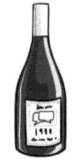

пляшка

بوتل

фаст-фуд

فاسٹ فوڈ

вулична їжа

اسٹّریٹ فوڈ

чайник

كٹّلي

цукорниця

شگر باؤل

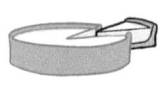

порція

ٹّكڑو

еспресо-машина

ایسپریسو مشّین

високий стільчик

اونچّي كرسي

рахунок

بل

піднос

ٹّري

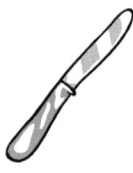

ніж

چھري

вилка

كانٹّو

ложка

چمچ

чайна ложка

چانھن جو چمچو

серветка

سرويٹّئي

склянка

گلاس

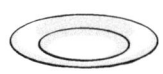

тарілка

پلیٹ

тарілка для супу

سوپ پلیٹ

блюдце

ساسر

соус

چٹنی

солонка

لوݨ داني

млин для перцю

مرچ پیسݨ والو

оцет

سرکو

масло

کاڈو پچاݨ والو تیل

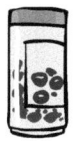

спеції

مصالحو

кетчуп

کیچ اپ

гірчиця

سرنهن

майонез

مایونیز

супермаркет

سپر مارڪيٽ

пропозиція
خصوصي آفر
FOR
клієнт
خريدار
молочні продукти
ڊيري
фрукти
فروٽ
візок для покупок
ٽرالي

BUTCHERS

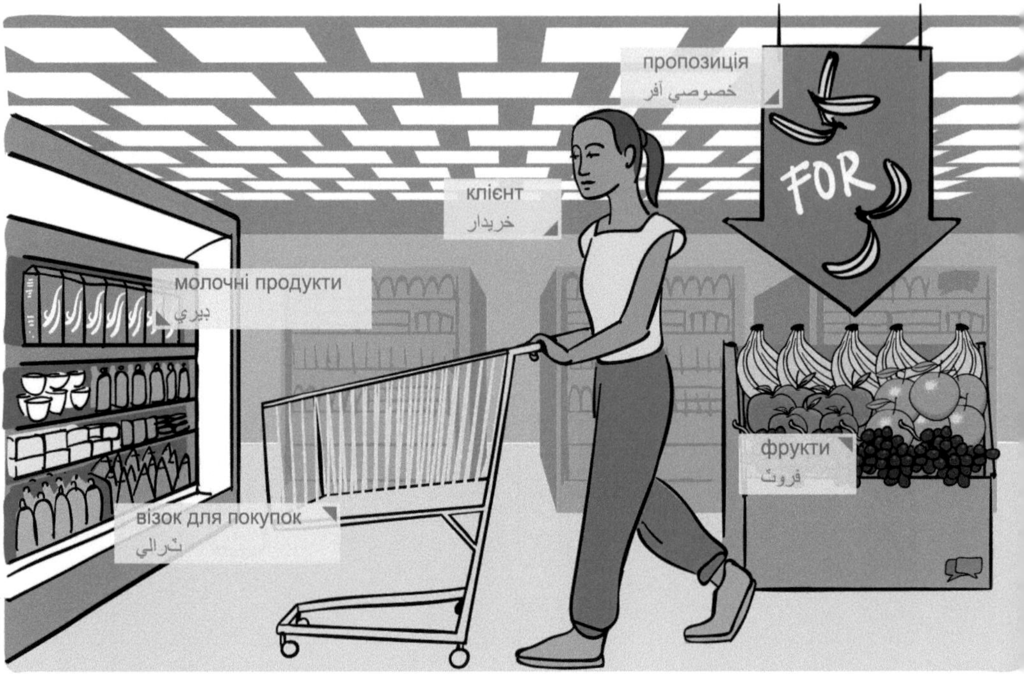

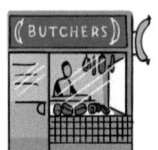

м'ясний магазин

گوشت جي دڪان

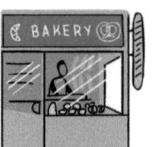

BAKERY

пекарня

بيڪري

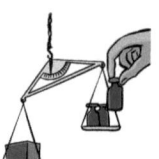

зважувати

وزن ڪرڻ

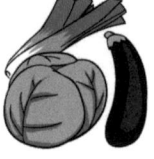

овочі

سبزيون

м'ясо

گوشت

заморожені продукти

ڄميل کاڌو

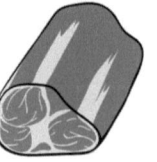

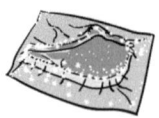

ковбасна нарізка

سرد گوشت

консерви

ڊٻي م بند ڪاڻو

пральний порошок

واشنگ پاؤدر

солодощі

مٺائي

предмети домашнього побуту

گھريلو سامان

мийний засіб

صفائي ڪرڻ وارا پرابڪٽس

продавщиця

سيلز پرسن

каса

ڪيش رجسٽر

касир

خزانچي

список покупок

خريداري جي فهرست

часи роботи

اوقات ڪار

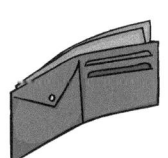

гаманець

پرس

кредитна картка

ڪريڊٽ ڪارڊ

сумка

بيگ

поліетиленовий пакет

پلاسٽڪ بيگ

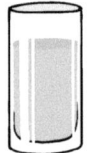

вода

پاني

сік

جوس

молоко

كير

кола

كوك

вино

وائن

пиво

بينر

алкоголь

الكوهل

какао

كوكو

чай

چاني

кава

كافي

еспресо

ايسپريسو

капучіно

كپيوچينو

банан

كيلو

яблуко

صوف

апельсин

مالٹو

кавун

خربوذو

лимон

ليمون

морква

گجر

часник

ٹوم

бамбук

بانس

цибуля

بصر

гриб

كنيي

горішки

اخروٹ، بادام

локшина

نوڈلز

спагеті

اسپیگٽي

рис

چانور

салат

سلاد

картопля фрі

چپس

смажена картопля

تريل پٽاٽا

піца

پيزا

гамбургер

هيم برگر

бутерброд

سينڊوچ

шніцель

گوشت جو ٽڪرو

шинка

سور جي ران جو گوشت

салямі

خشڪ گوشت

ковбаса

ساسيج

курка

مرغي

печеня

روسٽ

риба

مڇي

вівсяні пластівці

جو کو دلیا

мюслі

میوزلي

кукурудзяні пластівці

کارن فلیکس

борошно

اٹا

круасан

کروسنٹ

булочка

بریڈ رول

хліб

بریڈ

тостовий хліб

ٹوسٹ

печиво

بسکٹ

масло

مکھن

сир

دہی

пиріг

کیک

яйце

انڈا

яєчня

فرائی ٹیل انڈو

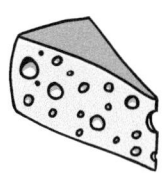

сир

پنیر

морозиво

آئس كريم

цукор

كَنڈ

мед

ماكي

мармелад

مربو

нуга-крем

چاكليٹ اسپريڈ

карі

پاجي

ферма

فارم

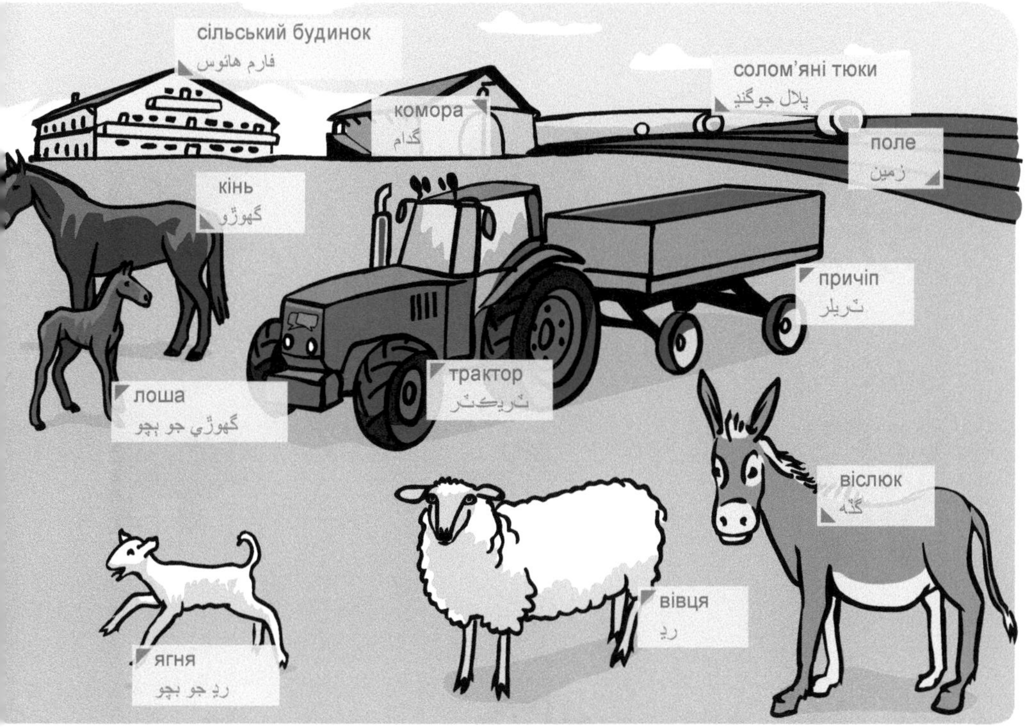
сільський будинок
فارم هائوس
комора
گدام
солом’яні тюки
پلال جوگنڊ
поле
زمين
кінь
گھوڙو
причіп
ٽريلر
трактор
ٽريڪٽر
лоша
گھوڙي جو ٻچو
віслюк
گڏھ
вівця
رڍ
ягня
رڍ جو ٻچو

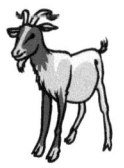

коза

ٻڪري

корова

ڳئون

теля

پاڏو

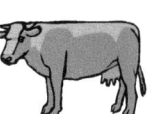

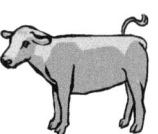

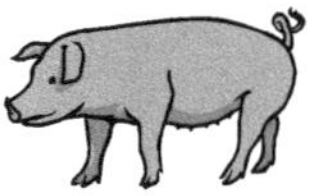

свиня

سوئر

порося

سوئر جو ٻچو

бик

ڍڳو

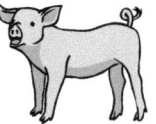

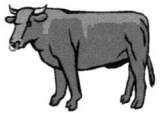

гусак

هنس

качка

بدک

курча

چوزا

курка

مرغي

півень

مرغو

щур

کوئو

кіт

ٻلي

миша

کوئو

віл

ڏاند

собака

کتو

собача будка

کتي جو گهر

садовий шланг

گاربن هوز

лійка

پاڻي جو ڪين

коса

ڏاٽو

плуг

هر

серп

ڈاندّو

мотика

رنبو

вила

ڈانداري

сокира

كهاڙو

тачка

هٿ سان هلائڻ واري ريڙّهي

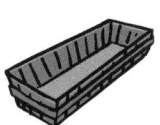

корито

حوض

бідон молока

كير جو ڈّبو

мішок

ڳوڻ

паркан

لوڙّهو

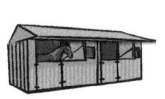

хлів

اصطبل

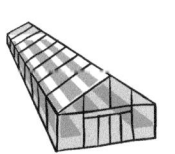

теплиця

گرين هائوس

ґрунт

مٽّي

насіння

ٻج

добриво

كهاد

комбайн

كمبائنڈ هاروييسٽّر

пожинати

فصل ڪٽڻ

урожай

فصل ڪٽڻ

корінь ямсу

هڪ قسم جي ترڪاري

пшениця

ڪڻڪ

соя

سويا

картопля

پٽاٽو

кукурудза

مڪئي

ріпак

توري جو ٻج

плодове дерево

ميون جو وڻ

маніок

ڪساوا

злаки

اناج

димохід
چمني

дах
چھت

водостічний лоток
نکاسي جو پانپ

вікно
دري

гараж
گيراج

дзвінок
دروازي جي گھنٿي

двері
دروازو

відро для сміття
کچري جي نوڪري

сад
باغ

поштова скринька
ليٽر باڪس

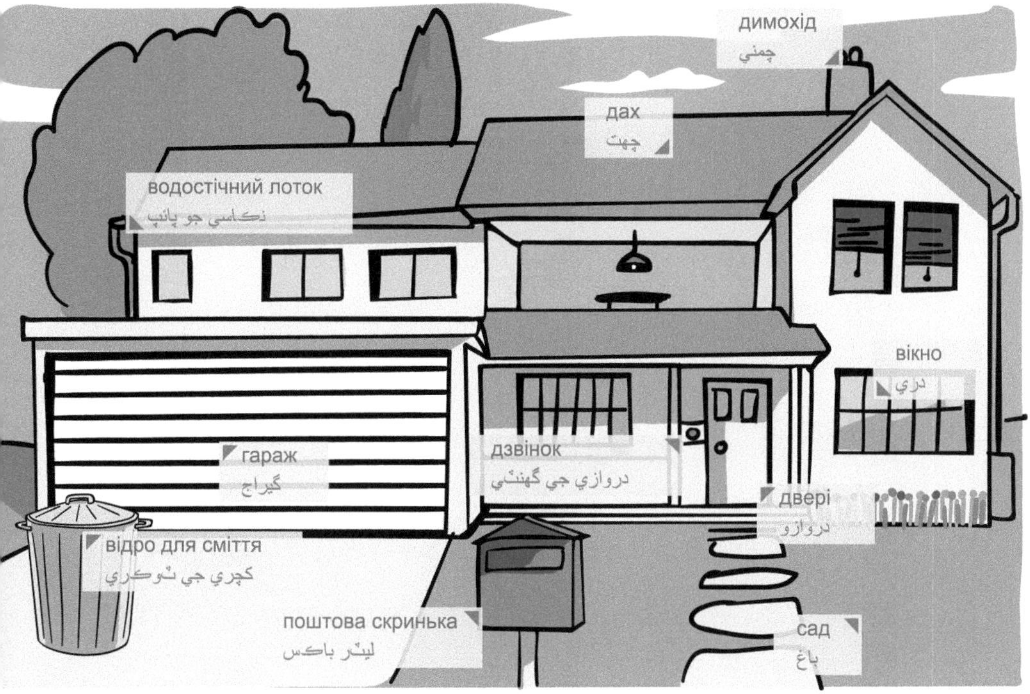

вітальня

لوونگ روم

ванна кімната

غسل خانو

кухня

باورچي خانو

спальня

بيڊروم

дитяча кімната

ٻارن جو ڪمرو

їдальня

ڊائننگ روم

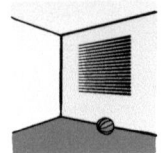

підлога

فرش

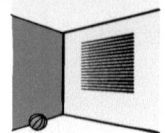

стіна

دیوار

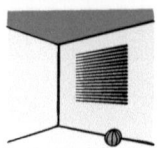

стеля

چهت

підвал

تهخانو

сауна

ہاف وارو غسل

балкон

بالکوني

тераса

ٹیرس

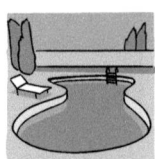

басейн

تلاؤ

косарка

گاه کنڻ واري مشين

простирало

چادر

ковдра

چادر

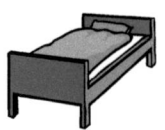

ліжко

بيڊ

мітла

جهاڙو

відро

بالٽي

перемикач

سوئچ

вітальня

لوونګ روم

шпалери
وال پیپر
малюнок
تصویر
лампа
لیمپ
поличка
شیلف
шафа
الماري
телевізор
ټیلیویزن
камін
باهوواري چمني
квітка
ګل
подушка
کشن
диван
صوفو
ваза
ګلدان
пульт
ریموټ کنټرول

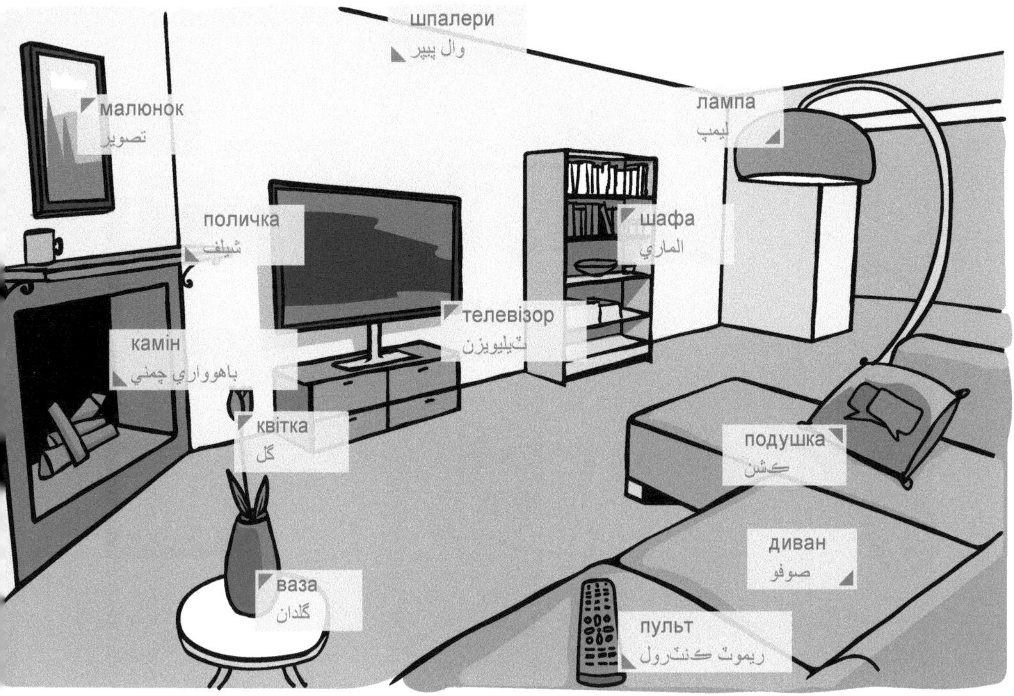

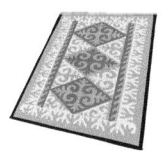

килим

قالین

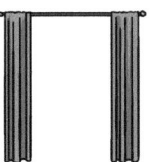

завіса

پردو

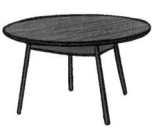

стіл

میز

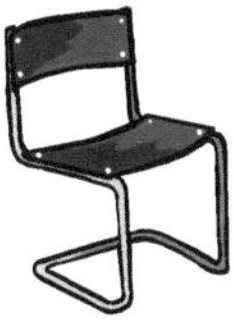

стілець

کرسي

крісло-гойдалка

لڼټ واري کرسي

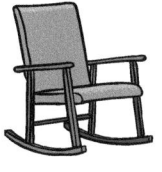

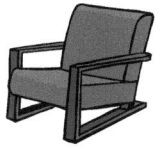

крісло

آرام کرسي

книга

كتاب

ковдра

كمبل

прикраса

آرائش

дрова

ہارڻ واريون ڪاٺيون

фільм

فلم

стереосистема

ھاني فاني

ключ

چاٻي

газета

اخبار

картина

پينٽنگ

плакат

پوسٽر

радіо

ريڊيو

блокнот

نوٽ بڪ

пилосос

ويڪيوم ڪلينر

кактус

ٿوهر جو ٻوٽو

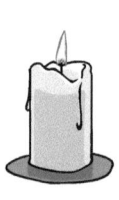

свічка

ميڻ بتي

кухня
باورچي خانو

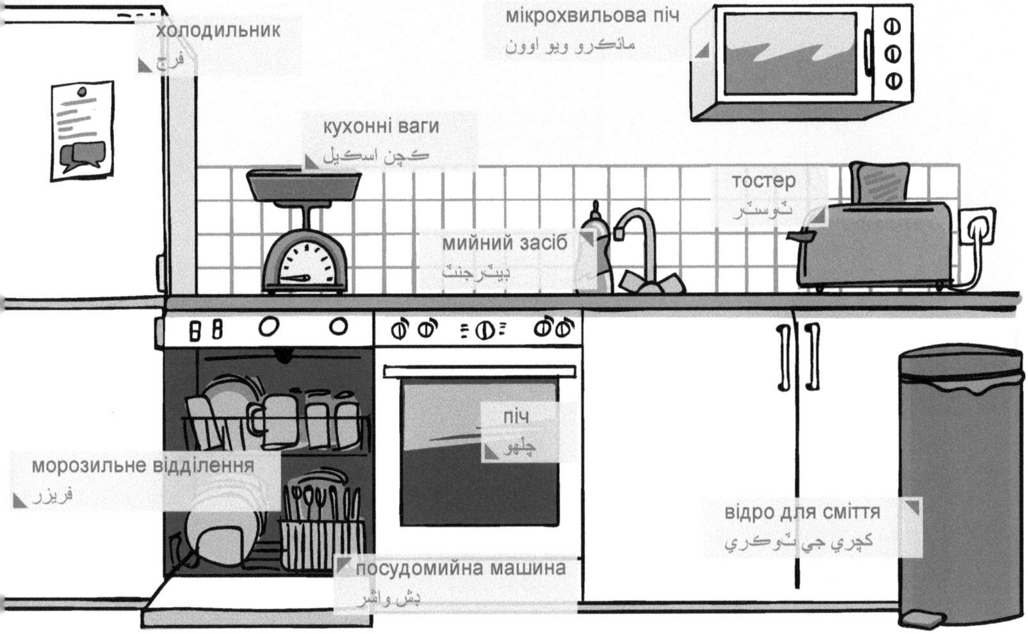
холодильник
فرج
мікрохвильова піч
مائڪرو ويو اوون
кухонні ваги
ڪچن اسڪيل
тостер
ٽوسٽر
мийний засіб
ڊيٽرجنٽ
піч
چلهو
морозильне відділення
فريزر
відро для сміття
ڪچري جي ٽوڪري
посудомийна машина
ڊش واشر

плита

ڪُڪر

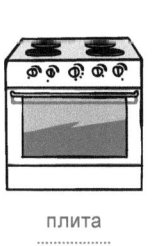

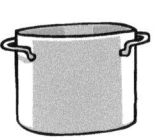

горщик

ٿانوَ

чавунний горщик

ڪاسٽ آئرن جا ٿانو

вок / кадай

ڪڙهائي

сковорода

ترڻ وارو ٿانو

чайник

ڪيٽلي

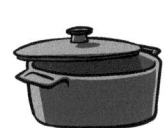

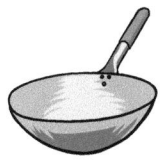

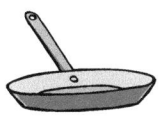

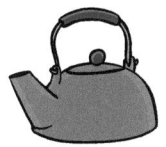

пароварка

اسٹيمر

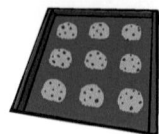

лист

بيکنگ ٹري

посуд

کراکري

кухоль

مگ

чаша

پيالو

палички для їжі

چاپ اسٹکس

черпак

ڈونئ

лопатка

ٹُفٹَہ

вінчик для збивання

سيزي مکسر

сито

چھاٹَہ

сито

چھاٹَہ

терка

کدو کش وارو اوزار

ступка

اکري

барбекю

بار بي کيو

багаття

کليل باھ

дошка

سبزي کٹنے وارو بورڈ

качалка

ویلڻ

штопор

کارک اسکريو

конзерва

کين

відкривачка

کين اوپنر

прихватки

ٽانوَ پکڙڻ وارو کپّڙو

раковина

سنڪ

щітка

برش

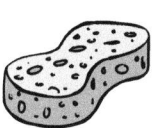

губка

اسفنج

міксер

بليندر

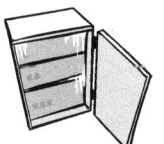

морозильна камера

ڊيپ فريزر

дитяча пляшка

بار جي بوتل

кран

نل

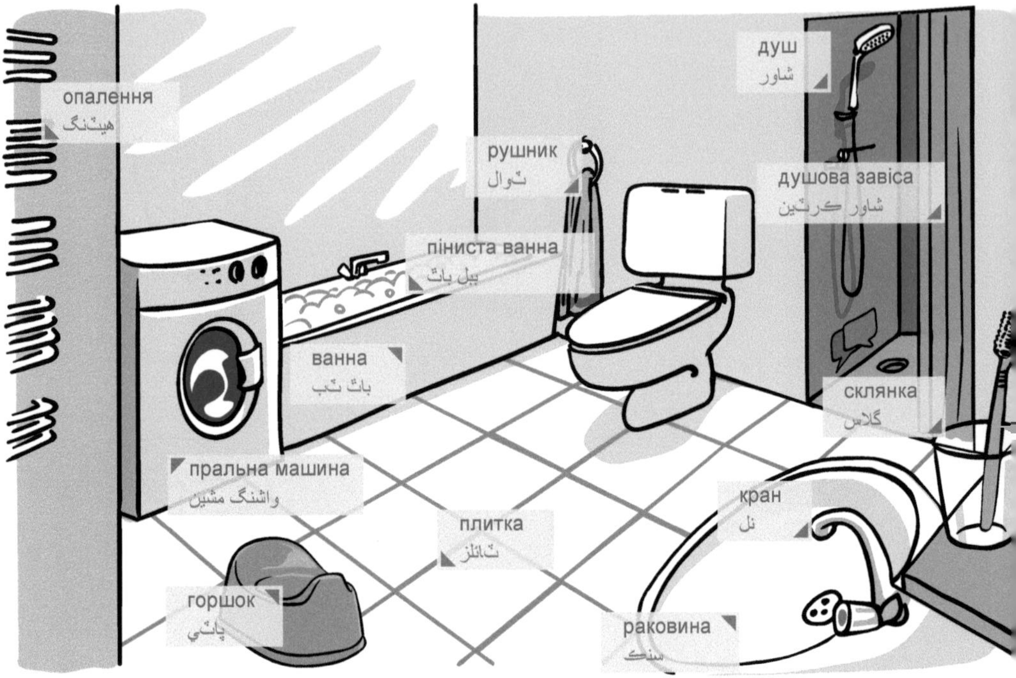

опалення
هيټنګ

душ
شاور

рушник
تواِل

душова завіса
شاور کرتين

пиниста ванна
ببل بات

ванна
بات ټب

склянка
ګلاس

пральна машина
واشنګ مشين

кран
نل

плитка
ټائلز

горшок
پاټي

раковина
سنک

туалет
ټائلټ

підлоговий туалет
اوکړو ویهڼ وارو ټوائلټ

біде
شرم گاه ډونڼ وارو ټب

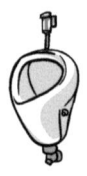

пісуар
پيشاب گاه

туалетний папір
ټائلټ پيپر

щітка для туалету
ټائلټ برش

зубна щітка

تووثه برش

зубна паста

تووثه پیست

нитка для чищення зубів

دینتال فلاس

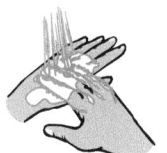

мити

ذوێن

ручний душ

هیند شاور

інтимний душ

شاور

таз

بیک برش

щітка для спини

بیک برش

мило

صابن

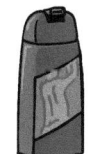

гель для душу

شاور جیل

шампунь

شیمپو

мочалка

فلالین

водостік

درین

крем

كریم

дезодорант

دیودورنت

дзеркало

آئينو

косметичне дзеркало

هٿ ۾ پڪڙڻ وارو آئينو

бритва

ريزر

піна для гоління

شٽيونگ فوم

лосьйон після гоління

آفٽر شيو

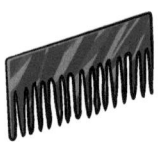

гребінь

ڦڻي

щітка

برش

фен

هيئر ڊرائير

лак для волосся

هيئر اسپري

косметика

ميڪ اپ

губна помада

سرخي

лак для нігтів

نيل وارنش

вата

ڪپه

ножиці для нігтів

نيل سيزر

парфум

پرفيوم

косметичка

واش بیگ

табурет

اسٹول

ваги

وزن کرڻ واري مشین

халат

باٹ روب

гумові рукавички

ربڙ جا دستانا

тампон

ٹیمپون

гігієнічні прокладки

صفائي وارو ٹاول

біотуалет

کیمیائي ٹوائلٹ

дитяча кімната

ٻارن جو ڪمرو

будильник
الارم ڪلاڪ
м'яка іграшка
ڪڊلي ٽوائي
іграшковий автомобіль
رانديڪي واري ڪار
брязкальце
جهنجهٽو
ляльковий будиночок
گڏي جو گهر
подарунок
گفٽ

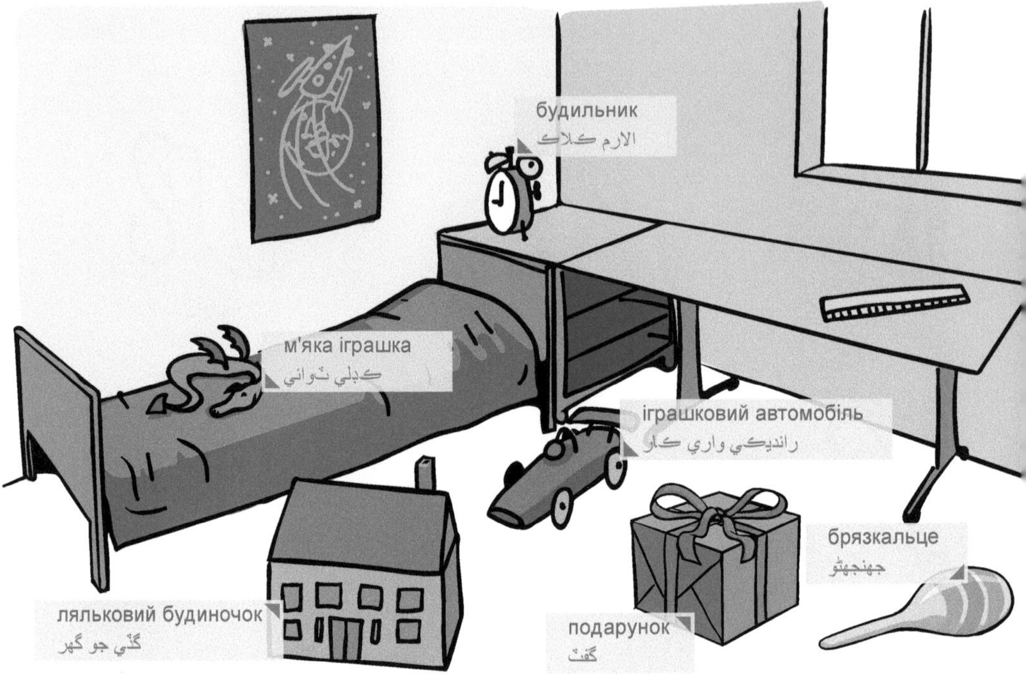

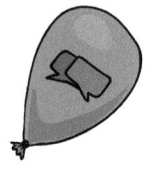

повітряна кулька

ڦوڪڻو

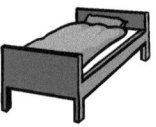

ліжко

بيڊ

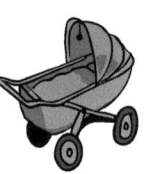

дитячий візок

ٻار جي ڳاڏي

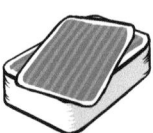

картярська гра

ڊيڪ آف ڪارڊز

пазл

جگسا

SUPER MEGA

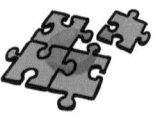

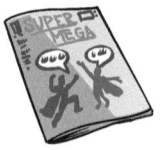

комікс

ڪامڪ

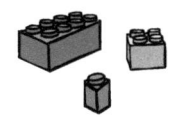

лего цеглинки

ليگو برگس

блоки

رانديكن وارا بلاكس

іграшкова фігурка

ايكشن فگر

повзунки

بيبي گرو

фризбі

فرسبي

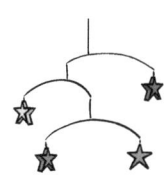

мобіле

رانديكي واري موبائل

настільна гра

بورڊ گيم

кубик

چهكو

модель залізнична станція

ماڊل ٽين سيٽ

соска

بارن جي چوسڻ واري نپل

вечірка

پارٽي

книжка з картинками

تصوير واري كتاب

м'яч

بال

лялька

گڏي

грати

كيڏڻ

пісочниця

سينڊ پٽ

гойдалка

جهولا

іграшка

رانديڪا

гральна консоль

وڊيو گيم ڪنسول

триколісний велосипед

ٽن ڦيٿن واري سائيڪل

плюшевий мішка

ٽيڊي بيئر

шафа

ڪپڙن جي الماري

ОДЯГ

لباس

шкарпетки

جرابا

панчохи

اسٽاڪنگز

колготки

ٽائيٽس

шарф
اسکارف

парасоля
چھتری

футболка
ٹی شرٹ

ремінь
بیلٹ

чоботи
بوٹ

домашнє взуття
چپل

кросівки
جاگر شوز

сандалі
سینڈل

взуття
جوتا

гумові чоботи
ربڑ جا بوٹ

труси
اندرپینٹس

бюстгальтер
بریزر

нижня сорочка
واسکٹ

одяг - لباس

боді

جسم

штани

پتلون

джинси

جینز پینٹ

спідниця

اسکرٹ

блузка

چولو

сорочка

قمیض

пуловер

جرسي

светр

هودي

піджак

بلیزر

куртка

جیکٹ

пальто

کوٹ

дощовик

بارش م پانٹ وارو کوٹ

костюм

پوشاک

сукня

لباس

весільна сукня

شادي جولباس

костюм

سوٽ

нічна сорочка

نائٽ گاؤن

піжама

پاجامو

сарі

ساڙي

головна хустка

مٿي تي ٻڌڻ وارو اسڪارف

чалма

پڳڙي

бурка

برقعو

кафтан

ڪفتان

абая

عبايو

купальник

تيراڪي جو لباس

плавки

چڊي

шорти

نيڪر

тренувальний костюм

ٽريڪ سوٽ

фартух

اپرن

рукавички

دستانا

гудзик

بٹن

окуляри

چشمو

браслет

بریسلیٹ

ланцюг

هار

кільце

مندی

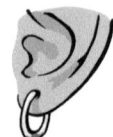

сережка

والیوں

шапка

ٹوپی

плічка

کوٹ هینگر

капелюх

ٹوپی

краватка

ٹائی

застібка-блискавка

زپ

шолом

هیلمٹ

підтяжки

بریسز

шкільна форма

اسکول یونیفارم

уніформа

وردی

нагрудник

بارن لاءِ ڳلي ۾ ٻڌڻ وارو ڪپڙو

соска

بارن جي چوسڻ واري نپل

підгузок

ڪچو

офіс

آفس

шаф для документів
فائلن جي الماري

сервер
سرور

принтер
پرنٽر

монітор
مانيٽر

папір
ڪاغذ

письмовий стіл
ميز

миша
ماؤس

папка
فولڊر

синтезатор
ڪي بورڊ

кошик для паперу
ردي جي ٽوڪري

комп'ютер
ڪمپيوٽر

стілець
ڪافي مگ

кавовий кухоль

ڪافي مگ

калькулятор

ڪيلڪيوليٽر

інтернет

انٽرنيٽ

ноутбук

لیپ ٹاپ

лист

خط

повідомлення

پیغام

мобільний телефон

موبائل

мережа

نیٹ ورک

копіювальний пристрій

فوٹو کاپی کرٹ واري مشین

програмне забезпечення

سافٹ ویئر

телефон

ٹیلي فون

розетка

پلگ ساکٹ

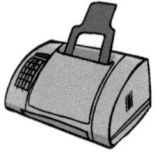

факс

فیکس مشین

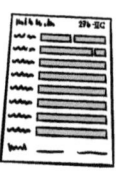

бланк

فارم

документ

دستاویز

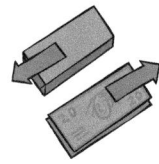

купувати

خرید کرنا

платити

ادا کرنا

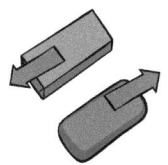

торгувати

صاف کرنا

гроші

پیسا

долар

ڈالر

євро

یورو

ієна

یین

рубль

روبل

франк

سوئس فرانک

юанів женьміньбі

رینمینبی یوآن

рупія

روپیو

банкомат

کیش پوائنٹ

обмінний пункт

رقم تبديل كرائڻ جي آفيس

золото

سون

срібло

چاندي

нафта

خام تيل

енергія

توانائي

ціна

قيمت

контракт

معاهدو

податок

ٽيڪس

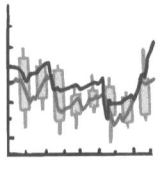

акція

ذخيرو

працювати

ڪم ڪرڻ

працівник

ملازم

роботодавець

آجر

фабрика

فيڪٽري

магазин

دڪان

професії

پیشو

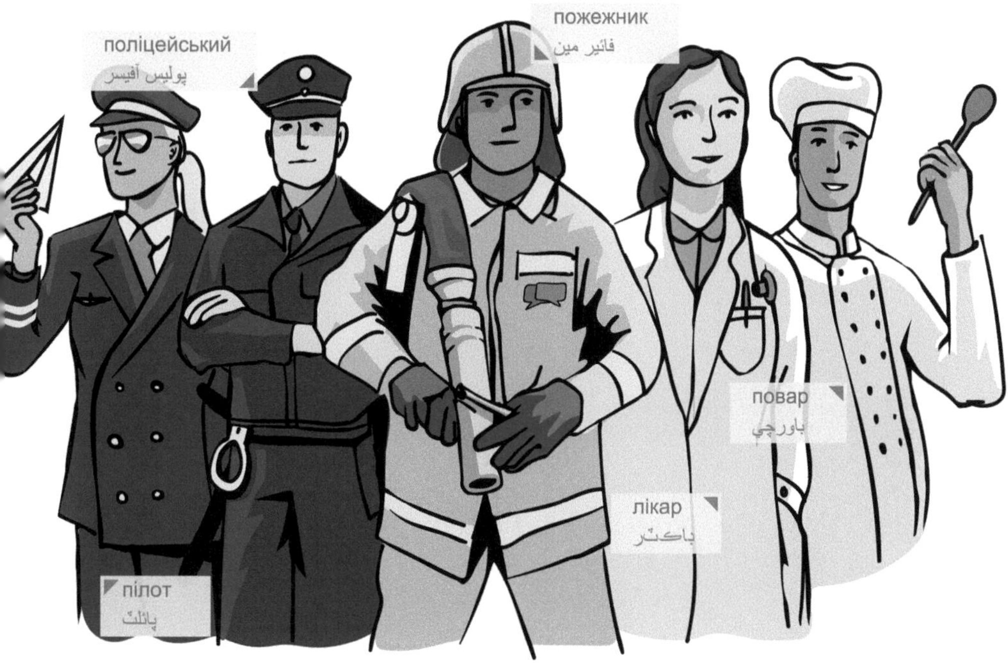
поліцейський
پولیس آفیسر
пожежник
فائیر مین
повар
باورچي
лікар
ډاکټر
пілот
پائلټ

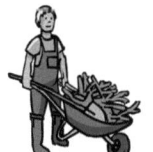

садівник

....

مالي

столяр

....

وادیو

швачка

....

درزن

суддя

....

جج

хімік

....

کیمیسټ

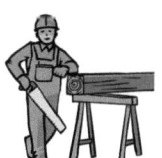

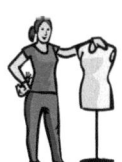

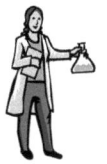

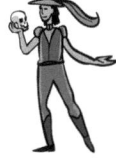

актор

....

اداکار

водій автобуса

بس ڊرائيور

таксист

ٽيڪسي ڊرائيور

рибалка

مڇي مارڻ وارو

прибиральниця

صفائي ڪرڻ واري ماِئي

покрівельник

ڇهت ٺاهڻ وارو

офіціант

ويٽر

мисливець

شڪاري

художник

رنگ ساز

пекар

نانوائي

електрик

اليڪٽريشن

будівельник

بلڊر

інженер

انجنيئر

забійник

ڪاساِئي

бляхар

پلمبر

листоноша

پوسٽ مين

солдат

سپاهي

архітектор

أركيتيكت

касир

خزانچي

флорист

گل کپائن وارو

перукар

ناني

кондуктор

كنڊيكتر

механік

مكينک

капітан

كپتان

дантист

ڊينٽسٽ

вчений

سائنسدان

рабин

يهودي عالم

імам

امام

монах

راهب

пастор

پادري

інструменти

اوزار

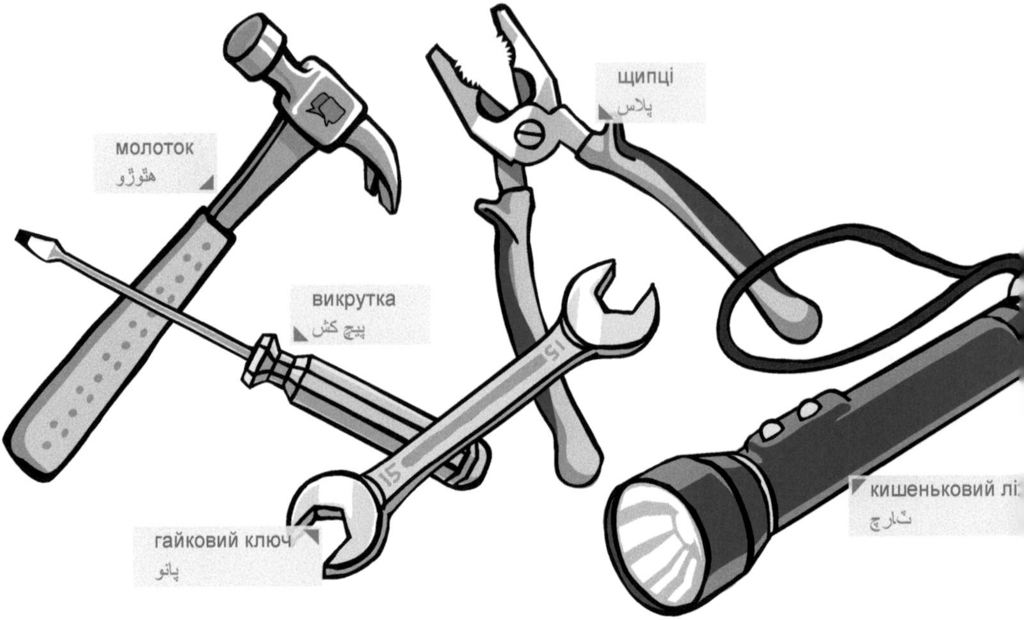
молоток
هٿوڙو
щипці
پلاس
викрутка
پيچ ڪش
кишеньковий лі
ٽارچ
гайковий ключ
پانو

екскаватор

ايڪسڪويٽر

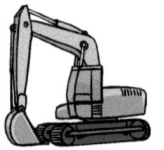

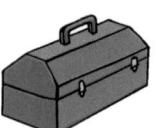

ящик для інструментів

ٽول باڪس

драбина

ڏاڪڻ

пилка

آري

цвяхи

ڪوڪو

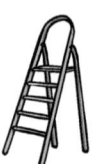

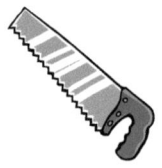

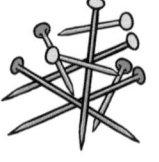

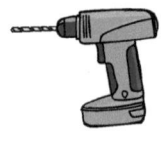

свердло

برل

ремонтувати

مرمت کرڻ

лопата

بیلچو

лайно!

لعنت هجي!

совок

ڪچري دان

відро з фарбою

پینٽ وارو ڏبو

гвинти

پیچ

музичні інструменти

موسيقي جا اوزار

ударна установка
ڊبل باس

динамік
لاؤڊ اسپيڪر

гітара
گٽار

контрабас
ڊبل باس

труба
توتاري

фортепіано

پیانو

скрипка

وائلن

бас

گٹار

литаври

ٹمپانی

барабан

ڈرم

клавіатура

کی بورڈ

саксофон

سیکسوفون

флейта

بانسري

мікрофон

مائیکروفون

вхід
داخل ٿيڻ جو رستو

тигр
چيتا

клітка
پڃرو

зебра
زيبرا

корм
جانورن جي خوراڪ

панда
پانڊو

тварини
....
جانور

слон
....
هاٿي

кенгуру
....
ڪينگرو

носоріг
....
گينڊو

горила
....
گوريلو

ведмідь
....
ريڇ

верблюд

اٺ

страус

شتر مرغ

лев

شينهن

мавпа

يولڙرو

фламінго

فليمنگو

папуга

طوطو

білий ведмідь

برفاني رٻ

пінгвін

ڪبوتر

акула

شارڪ

павич

مور

змія

نانگ

крокодил

واڱون

працівник зоопарку

چڙيا گهر جو محافظ

тюлень

گرج مٻي

ягуар

چيتو

поні

ٿَٿُون

леопард

چيتو

гіпопотам

درياني گھوړو

жираф

چرزاف

орел

باز

кабан

سوئر

риба

مݯي

черепаха

كمي

морж

ساموندبي گھوړو

лисиця

لومݯي

газель

هرڼ

спорт

راند

американський футбол
آمریکن فوٹبال

їзда на велосипеді
سائیکلنگ

теніс
ٹینس

баскетбол
باسکٹ بال

плавання
تیراکي

бокс
باکسنگ

хокей
آئس ہاکي

футбол
فوٹبال

бадмінтон
بیڈمنٹن

легка атлетика
ایتھلیٹکس

гандбол
ہینڈ بال

лижні перегони
اسکیننگ

поло
پولو

стрибати
ٹپوڈین

обіймати
پاکڑ پائیں

сміятися
کلن

йти
ہلن

співати
گانو گائیں

молитися
دعا کرن

цілувати
چمی ڈین

мріяти
خواب ٹکیں

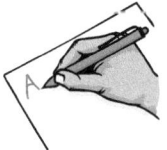

писати
....
لکن

малювати
....
تصویر کشی کرن

показувати
....
ڈیکارن

тиснути
....
ڈکو ڈین

давати
....
ڈین

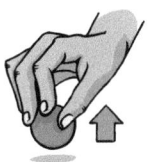

брати
....
ونڈ

мати

ركڻ

робити

كرڻ

бути

ٿيڻ

стояти

بيهڻ

бігати

ڀڄڻ

тягнути

چكڻ

кидати

اڇلائڻ

падати

كرڻ

лежати

كوڙ ڳالهائڻ

очікувати

انتظار كرڻ

носити

كڻي وڃن

сидіти

ويهڻ

одягати

تيار ٿيڻ

спати

سمنهڻ

просипатися

جاڳڻ

дивитися

ڏسڻ

плакати

روئڻ

гладити

ڪڪ ھڻ

розчісувати

ڪنگي ڪرڻ

розмовляти

ڳالھائڻ

розуміти

سمجھڻ

питати

پڇڻ

слухати

ٻڌڻ

пити

پيئڻ

їсти

کائڻ

прибирати

صاف ڪرڻ

любити

پيار ڪرڻ

варити

پچائڻ

їхати

گاڏي هلائڻ

літати

اڏرڻ

йти під вітрилом

بحري سفر کرنا

рахувати

حساب کرنا

читати

پڑھنا

вчитися

سیکھنا

працювати

کام کرنا

одружуватися

شادي کرنا

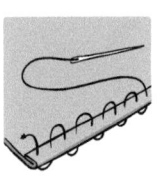

шити

سینا

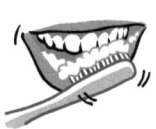

чистити зуби

دندن کي برش کرنا

убивати

قتل کرنا

курити

سگریٹ پینا

посилати

موکلنا

бабуся
نانڑی يا نانی

дідуся
نانڑو يا نانو

батько
پی

мати
ماء

немовля
بار

батько
پی

донька
ڈي

син
پٹ

гість

مهمان

тітка

چاچي

дядько

چاچو

брат

پاءُ

сестра

پیڑ

чоло
پیشانی

око
اک

обличчя
منہن

плече
کلھو

палець
اگر

підборіддя
کاٹي

кисть
ہٿ

груди
ڇاتي

нога
ٽنگ

рука
بانھن

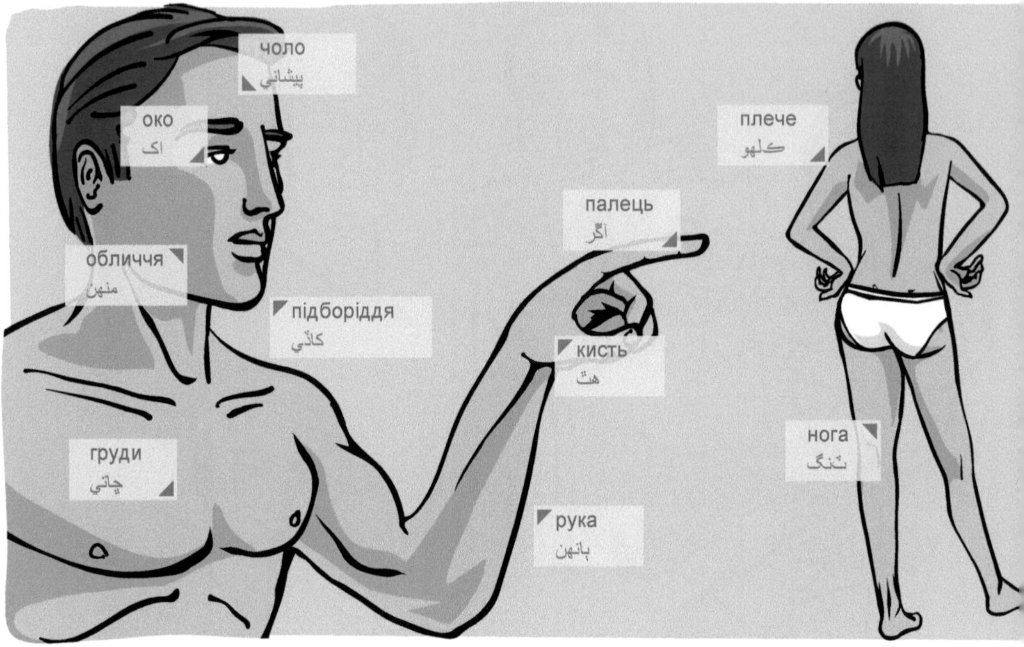

немовля
....
ٻار

чоловік
....
ماڻھون

жінка
....
عورت

дівчина
....
ڇوڪري

хлопчик
....
ڇوڪرو

голова
....
مَٿو

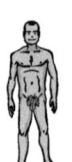

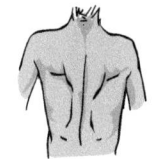

спина

پُٺي

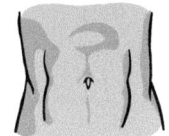

живіт

پيٽ

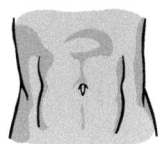

пуп

دن

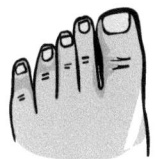

палець ноги

پير جو آگوٺو

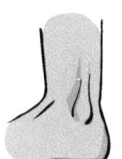

п'ята

کڙي

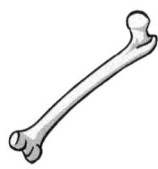

кістка

هڏي

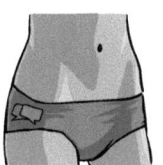

стегно

ٻنڊڻ

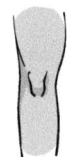

коліно

گوڏو

лікоть

ٺونٺ

ніс

نڪ

сідниці

ھيٺھيون حصو

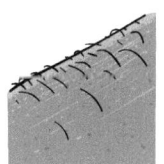

шкіра

کل

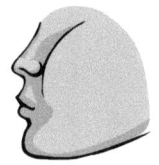

щока

ڳل

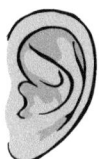

вухо

ڪن

губа

چپ

рот

وات

зуб

ڈند

язик

زبان

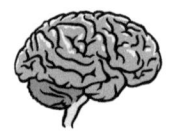

мозок

دماغ

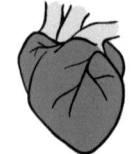

серце

دل

м'яз

ڈورو

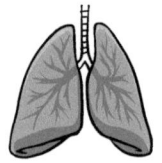

легені

پَپَّر

печінка

جگر

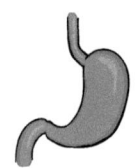

шлунок

معدو

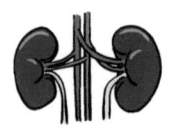

нирки

گردا

статевий акт

جماع کرڻ

презерватив

کنڈوم

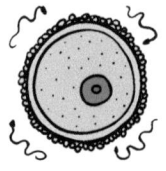

яйцеклітина

بيضو

сперма

مني

вагітність

حمل

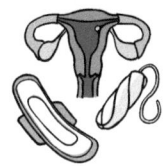

менструація

حيض

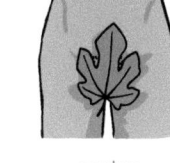

вагіна

ڇڃيداني جي نالي

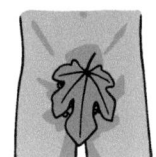

пеніс

مردانو مخصوص عضوو

брова

پرون

волосся

وار

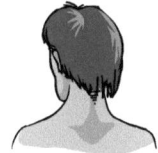

шия

ڳچي

лікарня

اسپتال

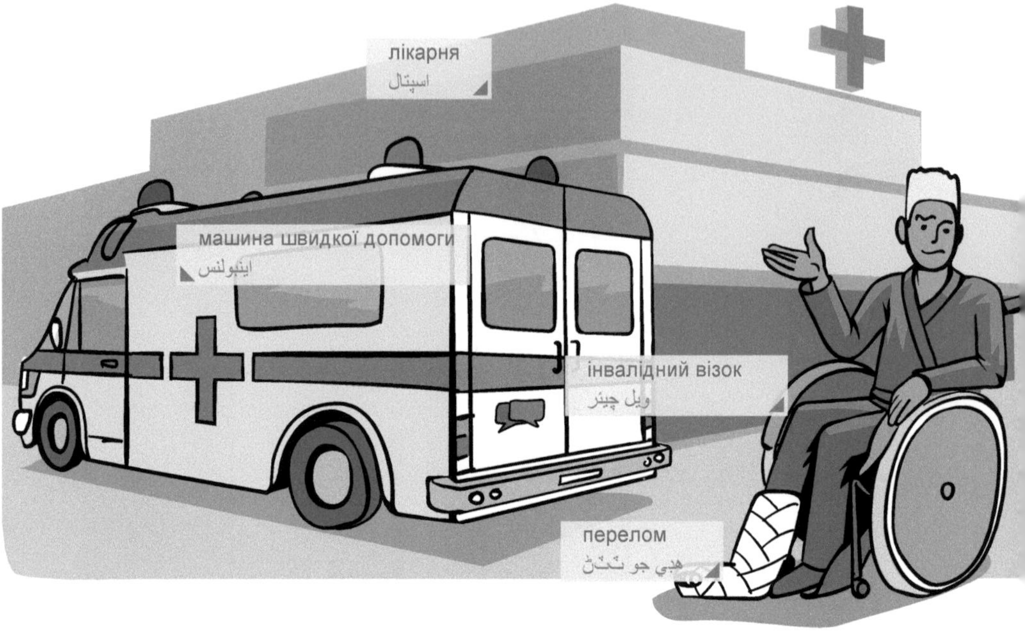

лікарня
اسپتال
машина швидкої допомоги
اينبولنس
інвалідний візок
ويل چيئر
перелом
هډي جو ړېدل

лікар

ډاکټر

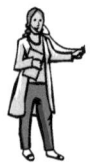

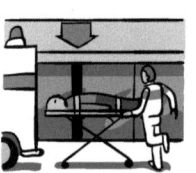

відділення швидкої медичної допомоги

هنگامي کمرو

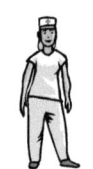

медсестра

نرس

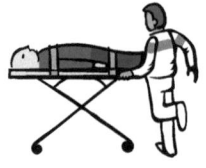

аварійний випадок

ايکسري

непритомний

بيهوش

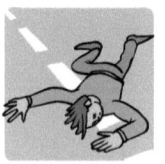

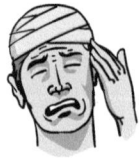

біль

سور

травма

زخم

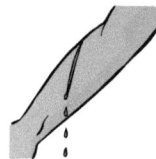

кровотеча

رت وهڻ

інфаркт

دل جو دورو

інсульт

فالج

алергія

الرجي

кашель

کنگهه

лихоманка

بخار

грип

زکام

пронос

دست

головна біль

مٿي جو سور

рак

ڪينسر

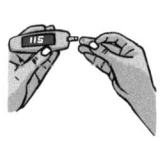

діабет

ذيابيطس

хірург

سرجن

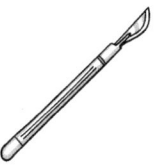

скальпель

جراحي بليڊ

операція

آپريشن

КТ

سي ٽي

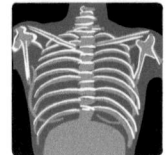

рентген

ايڪسري

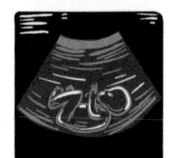

ультразвук

الٽراساؤنڊ

маска

منهن جي ماسڪ

хвороба

بيماري

зал очікування

انتظار ڪرڻ جو ڪمرو

милиця

بيساکهي

пластир

پالاسٽر

пов'язка

پٽي

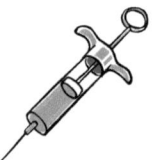

ін'єкція

انجيڪشن

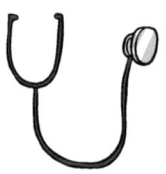

стетоскоп

اسٽيٿهوسڪوپ

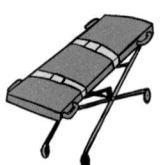

ноші

اسٽريچر

термометр

ٿرماميٽر

народження

پيدائش

надмірна вага

موٽاپو

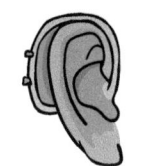

слуховий апарат

ہیئرنگ ایڈ ڈیوائس

дезінфікуючий засіб

جراثیم کش

інфекція

انفیکشن

вірус

وائرس

ВІЛ / СНІД

ایچ آئی وی / ایڈز

медицина

دوا

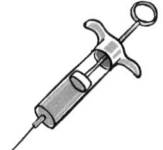

вакцинація

ویکسینیشن

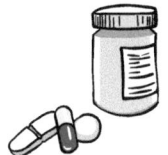

таблетки

ٹکی

протизаплідна пігулка

گولی

екстрений виклик

ہنگامی کال

тонометр

بلڈ پریشر مانیٹر

хворий / здоровий

بیمار / صحت

Допоможіть!

مدد

сигнал тривоги

الارم

напад

جسماني حملو ڪرڻ

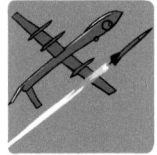

атака

حملو ڪرڻ

небезпека

خطره

аварійний вихід

هنگامي حالت ۾ نڪرڻ جو رستو

Вогонь!

باه

вогнегасник

باه وسائڻ جو اوزار

аварія

حادثو

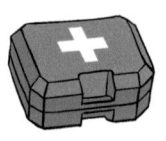

аптечка

ابتدائي طبي امداد

СОС

ايس او ايس

поліція

پوليس

Європа

يورپ

Північна Америка

اتر أمريكا

Південна Америка

ڈکن أمريكا

Африка

أفريقا

Азія

ايشيا

Австралія

أسٹريليا

Атлантика

اٹلانٹک

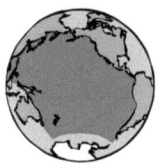

Тихий океан

پيسفك

Індійський океан

بحر هند

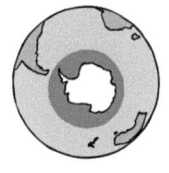

Антарктичний океан

انٹارکٹک سمندر

Північний Льодовитий
океан

آركٹك سمندر

Північний полюс

اتر قطب

Південний полюс

ذکّل قطب

Антарктика

انٹارکٹیکا

Земля

زمین

суша

زمین

море

سمندر

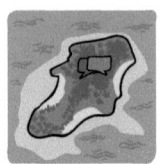

острів

جزیرو

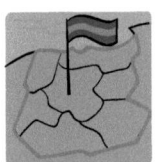

нація

قوم

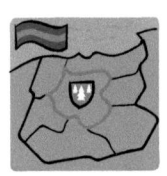

держава

ریاست

циферблат

گهڙي جو سامهون حصو

годинникова стрілка

كلاك واري سوني

хвилинна стрілка

منٽ واري سوني

секундна стрілка

سيڪنڊن واري سوني

Котра година?

ٽائم گهٽو ٿيو آهي؟

день

ڏينهن

час

وقت

зараз

هاڻي

цифровий годинник

ڊجيٽل گهڙي

хвилина

منٽ

година

كلاك

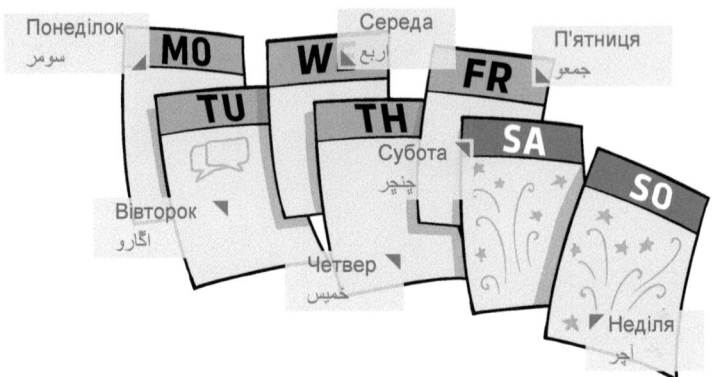

Понеділок — سومر
Середа — اربع
П'ятниця — جمعر
Вівторок — اگارو
Субота — چنڇر
Четвер — خميس
Неділя — اڃر

вчора

كله

сьогодні

اڄ

завтра

سباڻي

ранок

صبح

опівдні

منجهند

вечір

شام

MO	TU	WE	TH	FR	SA	SU
1	2	3	4	5	6	7
8	9	10	11	12	13	14
15	16	17	18	19	20	21
22	23	24	25	26	27	28
29	30	31	1	2	3	4

робочі дні

كاروباري ڏينهن

MO	TU	WE	TH	FR	SA	SU
1	2	3	4	5	6	7
8	9	10	11	12	13	14
15	16	17	18	19	20	21
22	23	24	25	26	27	28
29	30	31	1	2	3	4

кінець робочого тижня

هفتي جو آخر

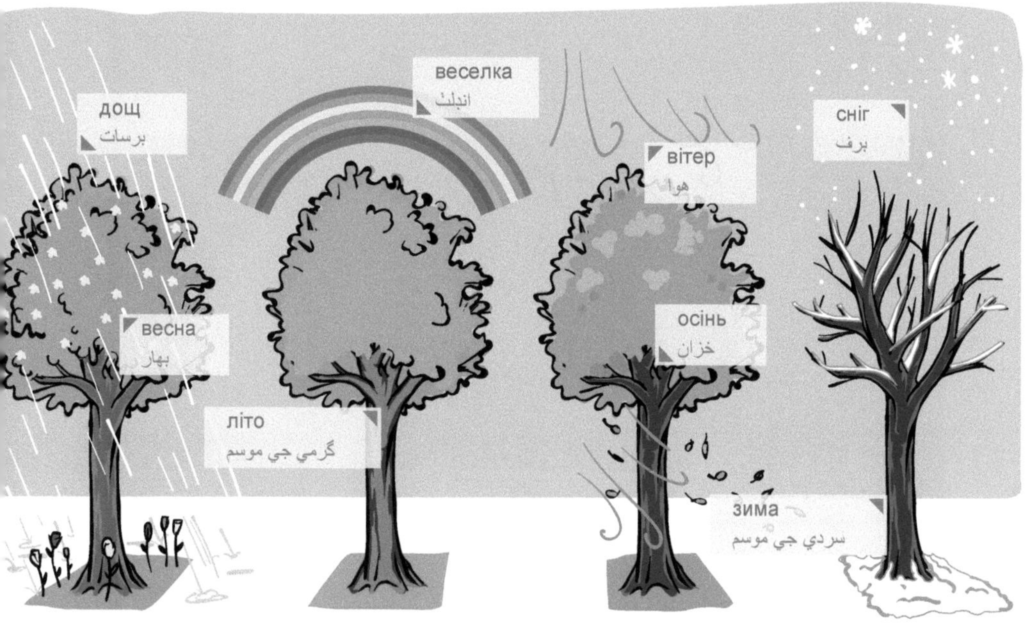

дощ
برسات
веселка
انڊلٺ
вітер
هوا
сніг
برف
весна
بهار
осінь
خزان
літо
گرمي جي موسم
зима
سردي جي موسم

4.APRIL 11°
5.APRIL 4°
6.APRIL 13°
7.APRIL 8°
8.APRIL 10°

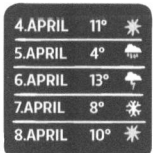

прогноз погоди

موسم جي پيشنگوهي

термометр

ٿرماميٽر

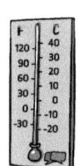

сонячне світло

اُس

хмара

بادل

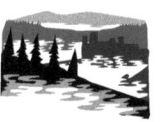

туман

ڌنڌ

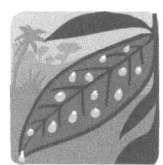

вологість повітря

نمي

блискавка

آسماني بجلي

грім

ٹرماميٹر

шторм

طوفان

град

ڳڙڙ جو مينهن

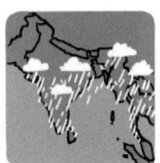

мусон

مون سون

повінь

ٻوڏ

лід

برف

Січень

جنووري

Лютий

فيبروري

Березень

مارچ

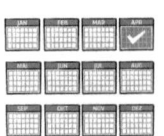

Квітень

اپريل

Травень

مئي

Червень

جون

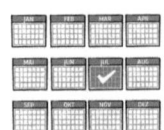

Липень

جولائي

Серпень

اگسٽ

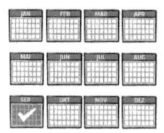

Вересень

سپتمبر

Жовтень

أكتوبر

Листопад

نومبر

Грудень

دسمبر

форми

شكلون

круг

دائرو

квадрат

چكور

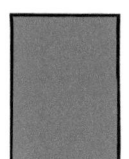

прямокутник

مستطيل

трикутник

تُكنبي

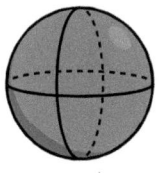

куля

كره

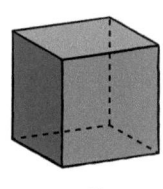

куб

كعب

білий

اچو

жовтий

پيلو

помаранчевий

نارنجي

рожевий

گلابي

червоний

ڳاڙهو

фіолетовий

جامني

синій

نيرو

зелений

سائو

коричневий

ناسي

сірий

پورو

чорний

ڪارو

багато / мало

گهٹو / ٹورو

лютий / мирний

ناراض / پر سكون

гарний / бридкий

خوبصورت / بدصورت

початок / кінець

شروعات / ختم

великий / малий

وڈو / نڈو

світлий / темний

روشني / اونده

брат / сестра

بهن / بهاني

чистий / брудний

صاف / خراب

завершений /
незавершений

مكمل / نا مكمل

день / ніч

ڈينهن / رات

мертвий / живий

مرده / زنده

широкий / вузький

بگهو / تنگ

їстівний / неїстівний

كائن قابل نه هجڻ / كائن جي قابل هجن

злий / дружній

برو / سنو

збуджений / нудьгуючий

پرجوش / بوريت جوشكار

товстий / тонкий

موٹو / پتلو

спочатку / востаннє

پهريون / آخري

друг / ворог

دوست / دشمن

повний / порожній

پريل / خالي

жорсткий / м'який

سخت / نرم

важкий / легкий

ڳرو / هلكو

голод / спрага

بک / اڃ

хворий / здоровий

بيمار / صحت

незаконний / законний

غيرقانون / قانوني

розумний / дурний

عقلمند / بيوقوف

вліво / вправо

سڏو / ابتو

поруч / далеко

ويجهي / پري

новий / використаний

نئون / استعمال ٹیل

нічого / щось

کجه به نه / کجه

старий / молодий

پوڑھو / نوجوان

вкл / викл

آن / آف

відкрито / закрито

کلیل / بند

тихо / гучно

خاموش / بلند آواز سان

багатий / бідний

امیر / غریب

правильно / неправильно

صحیح / غلط

шорсткий / гладкий

کھورو / لسو

сумний / щасливий

غمگین / خوش

короткий / довгий

مختصر / ڊگھو

повільно / швидко

أهسته / تیز

вологий / сухий

ألو / سڪل

гарячий / холодний

گرم / ٿڌو

війна / мир

جنگ / امن

0

نuль

زيرو

1

один

هڪ

2

два

ٻه

3

три

ٽي

4

чотири

چار

5

п'ять

پنج

6

шість

ڇه

7

сім

ست

8

вісім

اٺ

9

дев'ять

نوَ

10

десять

ڏه

11

одинадцять

يارهن

12
дванадцять

پارهن

13
тринадцять

تیرهن

14
чотирнадцять

چوڈهن

15
п'ятнадцять

پندرهن

16
шістнадцять

سورهن

17
сімнадцять

سترهن

18
вісімнадцять

ارژهن

19
дев'ятнадцять

اوټویه

20
двадцять

ویه

100
сто

سو

1.000
тисяча

هزار

1.000.000
мільйон

ڈه لک

англійська

انگريزي

американська англійська

آمريکي انگريزي

китайська
високочиновницька

چيني ميندارن

хінді

هندي

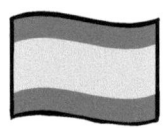

іспанська

اندلسي پولي

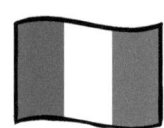

французька

فرانسيسي

арабська

عربي

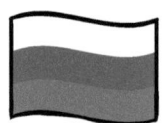

російська

روسي

португальська

پرتگالي

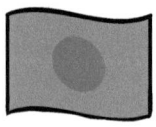

бенгальська

بنگالي

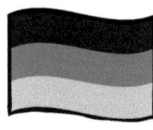

німецька

جرمن

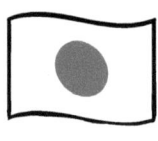

японська

جاپاني

я

مان

ти

تون

♂ ♀ ○

він / вона / воно

هي چوكري/ هي چوكرو / هو

ми

اسان

ви

تون

вони

هو

хто?

كير؟

що?

چا؟

як?

كئن

де?

كَٿِي؟

коли?

كڏنهن؟

HELLO, I AM

ім'я

نالو

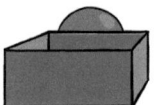

ззаду

پويان

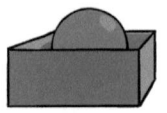

в

перед

جي سامهون

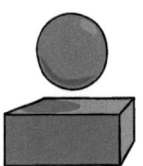

над

مٿي

на

تي

під

هيٺ

біля

ڀرسان

між

وچ م

місце

جڳه